L'AVEUGLE

CLAIR-VOYANT,

COMÉDIE

EN UN ACTE ET EN VERS,

De LEGRAND.

NOUVELLE ÉDITION.

A PARIS,

Chez N. B. DUCHESNE, Libraire, Rue S. Jacques, au-dessous de la Fontaine S. Bénoît, au Temple du Goût.

M. DCC. LXXIV.

Avec Approbation & permission.

ACTEURS.

DAMON, Officier de Marine, aveugle clairvoyant.

LEANDRE, neveu de Damon, Amant de Léonor.

L'EMPESÉ, Médecin, amoureux de Léonor.

MARIN, Valet de Damon.

UN NOTAIRE.

LEONOR, jeune Veuve, promise à Damon.

La vieille LEONOR, tante de Léonor, amoureuse de Damon.

LISETTE, suivante de Léonor.

La Scene est à Paris dans la maison de Damon.

L'AVEUGLE
CLAIR-VOYANT,
COMÉDIE.

SCENE PREMIERE.
LEONOR, LISETTE.

LISETTE.
EH bien ! Madame, à quoi vous déterminez vous ?
On va voir arriver votre futur époux :
Damon revient enfin, après deux ans d'absence.
LÉONOR.
Fatal retour ! O Ciel ! je frémis, quand j'y pense.
Lisette, dans l'état où l'a mis son destin,
Pourrai-je me résoudre à lui donner la main ?
LISETTE.
Comment vous en défendre ? Un dédit vous engage :
Il l'exigea de vous, avant ce long voyage,
Et que vous logeriez, ici, dans sa maison ;
Nous y vînmes alors, toutes deux, sans façon,
Comptant ce mariage une chose certaine.
A présent son retour vous alarme & vous gêne.
LÉONOR.
Hélas ! lorsqu'à Damon je donnai mon aveu,
Je n'avois jamais vu Léandre son neveu.
LISETTE.
Que je m'en doutois bien ! Voilà donc l'enclouûre.
Léandre, je l'avoue, est d'aimable figure ;
Mais il n'a pas le double ; &, sans l'oncle, ma foi,
Ce neveu si charmant seroit plus gueux que moi.
Damon a fait sur mer une fortune immense ;

A ij

L'AVEUGLE CLAIR-VOYANT.

Avec lui, vous seriez toujours dans l'opulence;
Vous auriez de l'argent, des habits, des bijoux.

LÉONOR.

Mais, avec tous ces biens, un très-fâcheux époux :
Car enfin, l'accident, dont on a la nouvelle,
N'a pas dû l'embellir.

LISETTE.

C'est une bagatelle.
Quoi ! parce que le vent d'un boulet de canon
Nous le renvoie aveugle : hé quoi ! cette raison
Vous doit-elle empêcher de conclure ?

LÉONOR.

Sans doute.

LISETTE.

Refuser un mari, parce qu'il ne voit goûte !
Hélas ! votre défunt ne voyoit que trop clair;
Sur les moindres soupçons, toujours l'esprit en l'air.

LÉONOR.

Ah ! ne m'en parle pas; cinq mois de mariage
M'ont, avec lui, paru cinquante ans d'esclavage;
Ce souvenir suffit pour me faire trembler;
Et Damon a le don de lui trop ressembler.
Quand j'aurois été sourde à de nouvelles flammes,
Damon parle si mal, pense si mal des femmes.

LISETTE.

Ah ! qu'il en pense mal, ou qu'il en pense bien,
De ce que nous ferons, il ne verra plus rien.

LÉONOR.

Qu'il ignore sur-tout que son neveu Léandre
Est encore à Paris, quand il le croit en Flandre.

LISETTE.

Oui ; mais que ferons-nous de Monsieur l'Empesé ?
De le congédier il n'est pas fort aisé ;
Ce fade Médecin est un amant tenace,
Et qui ne s'apperçoit jamais qu'il embarrasse :
Mais pourquoi, diantre, aussi lui donner de l'espoir ?

LÉONOR.

Pour m'amuser, n'ayant personne à recevoir ;
Dans le commencement je le trouvois passable;
Mais, depuis certain tems, il m'est insupportable.

LISETTE.

Depuis que le neveu s'est offert à vos yeux ?
Quoi qu'il en soit, je veux vous servir de mon mieux.
Cependant, je devrois être bien en colère,
Puisque jusques ici vous m'avez fait mystere....

COMEDIE.

SCENE II.
LEONOR, LISETTE MARIN en Courrier.

MARIN, *derriere le Théâtre.*
Hoé, hoé, hoé.

LISETTE.
J'entends Marin, je crois.

LÉONOR.
Le valet de Damon ?

LISETTE.
Oui, vraiment, c'est sa voix :
Je la reconnois bien : il faut, sans plus attendre,
Prendre votre parti.

LÉONOR.
Quel parti puis-je prendre ?

MARIN, *entrant.*
Hoé, hoé, hoé. Parbleu, j'ai beau crier...
Comment donc ! Est-ce ainsi qu'on reçoit un Courrier ?
Personne ne descend.

LÉONOR.
Qu'as-tu fait de ton Maître ?

MARIN.
Ne vous alarmez point, vous l'allez voir paroître ;
Et je l'ai devancé de cent pas seulement,
Pour voir si tout est prêt dans son appartement.

LISETTE, *à Léonor.*
Cela va bien pour nous. Commençons par avance,
A faire entrer Marin dans notre confidence.

LÉONOR, *bas à Lisette.*
Que vas-tu faire ?

LISETTE, *bas à Léonor.*
Il m'aime, & fera tout pour moi,
J'en suis sure. (*Haut.*) Marin, puis-je compter sur toi ?

MARIN.
Tu n'en saurois douter, sans me faire injustice.

LISETTE.
Il s'agit, en payant, de nous rendre un service.

MARIN.
En payant ? c'est beaucoup me dire en peu de mots.
A cent coups de bâton dût s'exposer mon dos,
Vous n'avez qu'à parler.

LISETTE.
Il faut tromper ton Maître,
Et sur les gens, qu'ici tu pourras voir paroître,
Ne lui rien témoigner.

MARIN.

Il suffit, je t'entends:
Madame, en notre absence, a fait quelques amans,
Et Damon l'inquiete un peu par sa venue.
Ne craignez rien ; depuis qu'il a perdu la vue,
Je lui fais aisément croire ce qu'il me plaît ;
Et je vous servirai, non pas par intérêt,
Mais parce que je sens pour vous un certain zele,
Qui brûle d'éclater... (*à Lisette.*) Que me donnera-t-elle ?

LÉONOR.

J'ai vingt Louis tout prêts, je vais te les chercher.

MARIN.

Madame... en vérité... c'est de quoi me toucher.
Hâtez-vous de répondre à mon ardeur extrême,
Et songez que mon Maître arrive à l'heure même.

SCENE III.

MARIN, *seul.*

Vingt loüis ! Male-peste ! Allons, mon cher Marin,
Il ne faut pas rester dans un si beau chemin.
Mais quoi ! trahir Damon ! Non, cela ne peut être ;
Il ne faut pas, ma foi, trahir un si bon Maître ;
Il vient de m'assurer certaine pension,
Qui, dans la suite, aura quelque augmentation.
Et le tout pour venir ici leur faire accroire
Qu'il est aveugle. Allons, il y va de ma gloire,
De soutenir toujours ce que j'ai commencé.
Des gens nous ont mandé que Monsieur l'Empesé,
Ce Médecin pimpant, ce marchand de denrées
Pour rétablir le teint des beautés délabrées,
Etoit dans ce logis du matin jusqu'au soir ;
Que même Léonor lui donnoit quelque espoir :
On nous mande, de plus, qu'elle adore Léandre,
Et qu'il est à Paris, quand on le croit en Flandre ;
C'est ce que dans ce jour mon Maître veut savoir,
Et qu'il verra bien mieux, feignant de ne rien voir.
Ce qu'il en fait pourtant, n'est pas par jalousie ;
Il doit être guéri de cette frénésie ;
Il veut se réjouir, (c'est-là je crois son but,)
Mettre à bout Léonor & ses amans... mais chut.
La voici de retour aussi bien que Lisette.
Prenons de toutes mains & dupons la coquette.

SCENE IV.
LÉONOR, LISETTE, MARIN.

MARIN.
Hé bien, ces vingt Louis sont-ils prêts?

LÉONOR, *lui donnant une bourse.*
            Les voici.

MARIN.
Je les prends sans compter, & vous dis grand-merci.

LISETTE.
Pour que tu sois au fait, il faut d'abord t'apprendre
Qu'on n'aime plus Damon, & qu'on aime Léandre.

MARIN.
Il est donc à Paris ? ma foi, c'est fort bien fait ;
J'approuve votre goût, & j'en suis en effet.
Dans ma façon d'aimer tous les jours je préfere
Et la niece à la tante, & la fille à la mere.

LÉONOR.
Finis, Marin, & sois seulement diligent...

MARIN.
Comptez sur mon esprit, mon zele & votre argent.

LÉONOR.
Préviens d'abord Damon, dis-lui que mon visage
A perdu les attraits qu'il avoit en partage.

MARIN.
Oui, je saurai vous peindre en remede d'amour.
Mais voici votre tante.

SCENE V.
LEONOR, LA TANTE, LISETTE, MARIN.

MARIN.
            Hé ! Madame, bon jour.

LA TANTE.
Qu'ai-je appris, cher Marin ? Quel accident terrible !
Damon revient aveugle ? ô ciel ! est-il possible ?

MARIN.
Madame, il est trop vrai.

LA TANTE.
            Que je le plains, hélas !
Quoiqu'il n'ait pas rendu justice à mes appas,

Et qu'il ait négligé la tante pour la niece,
J'avouerai que toujours pour lui je m'intéresse.
LEONOR.
Vous le plaignez, ma tante ? Ah ! ne plaignez que moi :
Je me vois dans l'état le plus cruel...
LA TANTE.
Pourquoi ?
LEONOR.
Epouser un aveugle ! ah ! cette seule idée
Me fait frémir d'horreur.
LA TANTE.
J'en suis persuadée :
Cependant, aujourd'hui, la disette d'amans
Est si grande, si grande... Il faut suivre le tems.
MARIN.
Oui, l'espece est si rare.
LA TANTE.
On est belles, bien faites,
Et l'on passe ses jours sans ouïr de fleurettes.
LISETTE.
Nous ne nous sentons point de la disette ici ;
Et nous ne manquons point d'épouseurs, Dieu merci :
Car, de quelque façon que l'on puisse le prendre,
Il nous en restera toujours deux à revendre.
Fournissez-vous chez nous.
LEONOR.
Mon Dieu, ne raillons pas.
Et songeons bien plutôt à sortir d'embarras.
LISETTE.
Attendez, il me vient une idée admirable.
Si nous pouvions trouver quelque personne aimable,
Qui, près de notre aveugle, osât passer pour vous.
LEONOR.
Plaisante invention !
LISETTE.
Pourquoi ? que savez-vous ?
Un aveugle à tromper n'est pas si difficile.
Et s'il se rencontroit une personne habile,
Qui pût bien imiter le son de votre voix.
LEONOR.
Où la trouver, dis-nous ? Et de qui faire choix ?
MARIN.
Cela se trouvera ; quelque mince grisette,
Qui, pour se marier... Par exemple, Lisette.
LISETTE.
Qui ? moi ? Je ne veux point d'un aveugle.
MARIN.

COMÉDIE.
MARIN.
Comment!
Pourrois-tu là-dessus balancer un moment.
LA TANTE.
Ne cherchez pas plus loin, j'ai trouvé votre affaire;
Une belle personne, & qui saura lui plaire,
D'agrément & d'esprit, en tout semblable à toi,
Qui déguise sa voix à merveille; & c'est moi.
LISETTE.
Fi donc, Madame, fi !
LA TANTE.
Pourquoi donc, je vous prie ?
Qui vous fait recrier de la sorte, ma mie ?
LISETTE.
Par ma foi, c'est votre âge.
LA TANTE.
Hé ! n'ayez point de peur.
De ma niece, toujours, j'ai passé pour la sœur;
Et de mon âge au sien le peu de différence,
Ne vaut pas, après tout...
MARIN.
Bon, belle conséquence !
(Du ton d'un marqueur de Jeu de Paume.)
Quarante-cinq à quinze.
LA TANTE.
Enfin, quoi qu'il en soit,
Je jouerai bien mon rôle, & mieux que l'on ne croit.
MARIN.
Moi, d'ailleurs, je peindrai Léonor si changée,
Et de telle façon sa beauté dérangée,
Que, quand quelqu'un voudroit l'éclaircir sur ce point,
Ce qu'on pourroit lui dire, il ne le croiroit point.
LÉONOR.
Ma tante, je crains bien...
LA TANTE.
Ne te mets point en peine;
Je suis ta belle mere, & même ta marraine;
Nous portons même nom de fille & de maris;
Je suis veuve du pere, & toi veuve du fils :
Pour ton air enfantin, je l'attrape à merveille.
LISETTE.
Songez-bien qu'un aveugle a souvent bonne oreille;
Et que, quand à l'abord il donneroit dedans,
Il pourroit dans la suite...
LA TANTE.
Et c'est où je l'attends.
Quand il reconnoîtra cette aimable imposture,

L'AVEUGLE CLAIR-VOYANT,
Il fera trop content de m'avoir, j'en fuis fure.
MARIN.
Le moyen d'en douter ?
LEONOR.
Avant tout, cher Marin;
Je voudrois que Léandre apprît notre deſſein.
Il loge chez Damis.
MARIN.
J'y vais ; c'eſt ici proche.
(à part.)
Bon ; autre argent qui va pleuvoir dans notre poche.
LEONOR.
De ſon oncle d'abord apprends-lui le retour:
Qu'il ne paroiſſe point ici de tout le jour;
Ou du moins, s'il y vient, qu'il ſonge à ſe contraindre.
MARIN.
Je dirai ce qu'il faut, vous n'avez rien à craindre;
Repoſez-vous ſur moi. *(à part.)* La fourbe a réuſſi.
Allons vîte avertir Damon de tout ceci.

SCENE VI.
LEONOR, LA TANTE, LISETTE.
LISETTE.
AH ! j'entends l'Empeſé.
LA TANTE.
L'incommode viſite !
Je ne le puis ſouffrir, défais-t-en au plus vîte:
Je paſſe cependant dans ton appartement,
Où je veux réfléchir ſur mon rôle un moment.

SCENE VII.
LEONOR, LISETTE, L'EMPESÉ.
LEONOR, *à Liſette, à part.*
Qu'il vient mal à propos !
L'EMPESÉ.
Bonjour, beauté brillante,
Toujours plus gracieuſe, & toujours plus charmante
Que tout ce que mes yeux ont vu de plus charmant.
LISETTE.
Ah ! pour un autre fois gardez ce compliment;
Nous avons du chagrin.
L'EMPESÉ
Pardon, ma belle Reine,

COMÉDIE.

Si mon retardement a causé votre peine.
Mes gens m'ont désolé; j'ai cru n'être jamais
En état de venir adorer vos attraits;
J'ai si fort querellé que j'en serai malade;
Il m'avoient égaré mes eaux & ma pommade.
Mais quoi! vous soupirez! Parlez, expliquez-vous;
Sont-ce soupirs d'amour, de crainte, ou de courroux?

LEONOR.
C'en sont de désespoir, désespoir qui me tue;
Enfin c'est de Damon l'arrivée imprévue.

L'EMPESÉ.
Damon! quoi, ce rival, que mon amour vainqueur
A, depuis son départ, banni de votre cœur?

LISETTE
Lui-même: à l'épouser il voudra la contraindre,
Ils ont un bon dédit.

L'EMPESÉ
Elle n'a rien à craindre,
Je le paierai, Lisette; & dussé-je...

LISETTE.
Non pas;
Nous voulons, sans payer, la tirer d'embarras;
Et si, par un détour de chicane subtile...

L'EMPESÉ.
Hé bien, cela n'est pas, je crois, si difficile.

LISETTE.
Pas trop, puisque Damon est aveugle.

L'EMPESÉ.
Comment?

LISETTE.
Un boulet de canon, fort impertinemment,
Passant près de ses yeux, a frôlé la prunelle,
Et le vent... détruisant la force visuelle...
Il est aveugle enfin; voilà quel est son sort.

L'EMPESÉ.
O coup de vent heureux, qui me conduit au port.

LEONOR.
Comment! vous vous flattez que ce malheur...

L'EMPESÉ.
Sans doute;
Je lui fais un procès sur ce qu'il ne voit goutte;
J'ai, comme vous savez, mon frere l'Avocat,
Qui brille au Parlement avec assez d'éclat:
Sans perdre plus de tems, dès demain il le somme
A nous représenter, dans la huitaine, un homme
Muni de ses cinq sens, qui de corps & d'esprit
Soit tel qu'il s'est fait voir en signant le dédit.

LISETTE.
C'est-là le prendre bien. Mais je l'entends lui-même.
LEONOR.
Ah ! Lisette, je suis dans un désordre extrême ;
Je n'ose soutenir...
LISETTE.
Je vais le recevoir.

Rentrez.

SCENE VIII.
LISETTE, L'EMPESÉ.
LISETTE.
ET vous, Monsieur, adieu, jusqu'au revoir.
L'EMPESÉ.
Ne pouvant être vu, je puis rester, Lisette.
LISETTE, *le repoussant*.
Vous vous moquez de moi.
L'EMPESÉ.
Que rien ne t'inquiete.
LISETTE.
Ma foi, vous sortirez.
L'EMPESÉ.
Non, je suis curieux.
De voir comme s'exprime un aveugle amoureux.
LISETTE.
J'enrage.

SCENE IX.
DAMON, L'EMPESÉ, LISETTE.
DAMON, *contrefaisant l'aveugle*.
HOlà, quelqu'un, Marin. Tout m'abandonne,
Et dans cette maison je ne trouve personne.
LISETTE.
Monsieur, on vient à vous.
DAMON.
C'est Léonor, je crois ?
LISETTE.
Non, Monsieur, c'est Lisette.
DAMON.
Hé bien, tu me revois ;
Mais je ne puis avoir un pareil avantage.

COMÉDIE.

LISETTE.
Vos yeux font toujours beaux ; hélas ! c'eſt grand dommage !

DAMON.
Où Léonor eſt-elle ?

LISETTE.
En ſon appartement ;
Et je vais l'avertir dans ce même moment...

DAMON, *allant embraſſer Liſette.*
Du moins auparavant il faut que je t'embraſſe...
(*Il rencontre l'Empeſé.*)
Qu'eſt-ceci ? c'eſt un homme. Hé quoi, dans ma diſgrace,
Léonor pourroit-elle, en bravant mon courroux,
Introduire céans...

LISETTE.
Hé ! là, Monſieur, tout doux :
Ce n'eſt qu'un domeſtique.

DAMON.
Ah ! c'eſt une autre affaire.

LISETTE.
Madame du premier a voulu ſe défaire ;
C'étoit un pareſſeux qui n'avoit aucun ſoin.
(*A l'Empeſé*)
Paſſez dans l'anti-chambre.

DAMON.
Hé ! non ; j'en ai beſoin.
Un fauteuil. Je me ſens les jambes ſi ſerrées...
Hé ! l'ami, tire-moi mes bottines fourrées.

LISETTE.
Allons, dépêchez-vous.

L'EMPESÉ, *bas à Liſette.*
Qui ? moi le débotter,
Non, parbleu : je m'en vais.

LISETTE, *bas à l'Empeſé, le retenant.*
Ce ſeroit tout gâter.
Que pourroit-il penſer ?

L'EMPESÉ, *bas à Liſette.*
Oui, mais par où m'y prendre ?

LISETTE, *bas à l'Empeſé.*
Vous méritez cela ; pourquoi vouloir attendre...

DAMON.
Hé bien, faquin, à quoi peux-tu donc t'amuſer ?

LISETTE.
Il eſt novice encore, il le faut excuſer.

DAMON.
Ah ! je vous ferai bien remuer cette idole.
Se dépêchera-t-on, à la fin ?...

L'AVEUGLE CLAIR-VOYANT;
LISETTE.
Carmagnole.

Débottez donc Monsieur.

L'EMPESÉ, *bas à Lisette.*
Je ne pourrai jamais.

LISETTE, *lui ôtant son manteau.*
Otez votre casaque.

(*L'Empesé débotte Damon.*)

DAMON.
Ah ! le maudit Laquais !
On voit bien que jamais il ne fut à la guerre.

(*L'Empesé tombe.*)

Tire à toi ; fort, plus fort. Il est, je crois, par terre.

L'EMPESÉ, *se relevant.*
Je n'y puis résister, Lisette, absolument.

DAMON, *présentant son autre jambe.*
Allons, à l'autre.

L'EMPESÉ, *bas à Lisette.*
Encore une autre ?

LISETTE, *bas à L'Empesé.*
Apparemment.
Il faut bien achever. Mais son valet s'avance ;
Ne craignez rien, il est de notre intelligence.

L'EMPESÉ, *à part.*
Je respire.

SCENE X.

DAMON, L'EMPESÉ, LISETTE, MARIN, *chargé d'une grosse malle.*

MARIN.
Ah, ah, ah.

DAMON.
Qui te fait rire ainsi.

MARIN.
C'est Monsieur...
(*bas à Lisette.*)
Apprends-moi ce qui se passe ici.

LISETTE, *bas à Marin.*
Ne fais semblant de rien.

DAMON.
D'où viens-tu, double traître ?
Dans l'état où je suis peut-on laisser un Maître ?
L'abandonner aux mains d'un butor, d'un lourdaut ?

COMÉDIE.
MARIN.
Il falloit apporter votre malle ci haut.
DAMON.
Il falloit se hâter.
MARIN.
La charge est trop pesante.
Votre malle, Monsieur, pese deux cents cinquante;
Par ma foi, quand j'aurois la force d'un mulet...
DAMON.
Charge-la sur le dos de ce maudit valet.
L'EMPESÉ, *à part.*
Encore !
MARIN.
Quel valet, s'il vous plaît ?
DAMON.
Carmagnole ;
Un benêt qui depuis une heure me désole ;
Dans mon appartement qu'il aille la porter :
Acheve cependant toi de me débotter.

MARIN, *mettant rudement la malle sur le dos de l'Empesé.*
Tenez donc, Carmagnole.
L'EMPESÉ, *la laissant cheoir.*
Oh ! le diable t'emporte
Je ne saurois porter un fardeau de la sorte :
Je crois que tu me prends pour un cheval de bât.
Adieu. Je reviendrai quand il n'y sera pas.

SCENE XI.
DAMON, LISETTE, MARIN.
DAMON.
Lisette, fais venir Léonor, je te prie ;
De son retardement à la fin je m'ennuie.
LISETTE.
J'y vais, Monsieur.

SCENE XII.
DAMON, MARIN.
DAMON.
Hé bien ! que t'en semble, Marin ?
J'ai bien turlupiné Monsieur le Médecin.
Léonor, après tout, doit être bien coquette,
Si d'un pareil galant elle entend la fleurette.

MARIN.

Monsieur, il ne faut pas disputer sur les goûts,
Ne vous y trompez pas; tel passe parmi nous
Pour un fat, un benêt, un nigaud, une cruche,
Que des femmes souvent il est la coqueluche.

DAMON.

Passe encor pour Léandre, il a quelque agrément :
Il est donc à Paris malgré tout ?

MARIN.

      Oui, vraiment.
Je viens de lui parler, vous dis-je, à l'heure même.

DAMON.

Et tu ne doutes point que Léonor ne l'aime ?

MARIN.

Le moyen d'en douter ?

DAMON.

     Il est instruit du tour
Que la Tante prétend jouer à mon amour ?

MARIN.

Il en est informé par moi-même.

DAMON.

       Le traître !
Avant la fin du jour, je lui ferai connoître...

MARIN.

Je vous croyois guéri, Monsieur absolument.

DAMON.

Pas tout-à-fait encore, à parler franchement ;
Et j'ai besoin de voir tous les tours qu'on m'apprête.
Mais comment Léonor me croit-elle si bête,
Et peut-elle me tendre un si grossier appât ?

MARIN.

Elle vous croit aveugle, & vous ne l'êtes pas ;
Peut-être que, l'étant, vous prendriez le change.

DAMON.

Il faudroit que je fusse en un état bien étrange,
Et que j'eusse perdu tous les sens à la fois.
Mais quelqu'un vient ici ; c'est la Tante, je crois :
C'est elle-même ; songe à seconder ma feinte.

MARIN.

Allez, je suis au fait, n'ayez aucune crainte.

SCENE XIII.

DAMON, LA TANTE, MARIN.

DAMON.

Leonor ne vient point ?

MARIN.

Hé ! Monsieur, la voici.

DAMON, *allant vers la porte.*

Ah ! Madame....

MARIN, *l'arrêtant.*

Attendez, ce n'est pas par ici.
Où Diable allez-vous donc ? parler à cette porte ?

LA TANTE, *contrefaisant la voix de Léonor.*

Ah ! Damon, quel chagrin de vous voir de la sorte !

DAMON.

Que sa voix est changée !

MARIN.

On vous le disoit bien ;
Mais, auprès de ses traits, Monsieur, cela n'est rien.

DAMON.

N'importe ; elle a toujours pour moi les mêmes charmes.

LA TANTE.

Ciel ! que votre accident m'a fait verser de larmes !
Si vous saviez, mon cher....

DAMON.

Ah ! je n'en doute pas.

LA TANTE.

Je ne saurois parler, & mes soupirs.... Hélas !
Je ne sais pas comment je suis encore en vie.

DAMON.

Ne vous affligez point, Léonor, je vous prie ;
Vous me percez le cœur : songez que vos attraits
Pourroient, par tant de pleurs, se perdre pour jamais.

MARIN.

Elle en a déjà bien perdu : l'état funeste...

DAMON.

Pour un Aveugle, hélas ! c'est trop que ce qui reste.
Après tout, ces attraits, que tu dis si changés,
J'aurois plaisir peut-être à les voir dérangés :
Une beauté bizarre a souvent l'art de plaire,
Bien plus que ne feroit une plus régulière.

MARIN.

Vous devez donc, Monsieur, ne vous chagriner point ;

La beauté de Madame est bizarre à tel point...

LA TANTE.

Enfin, de ma beauté quoi que vous puissiez croire,
Sur bien d'autres on peut me donner la victoire :
Pour mon esprit, il est augmenté des trois quarts ;
On m'en fait compliment aussi de toutes parts.

DAMON.

Ah ! Madame, on sait trop que c'est une merveille.

LA TANTE.

De mille doux propos remplissant votre oreille,
Je vous consolerai d'avoir perdu les yeux ;
Je veux être avec vous en tous tems, en tous lieux.

DAMON.

Que j'aurai de plaisir ? Hâtez-donc cette affaire,
Et courez promptement chez le premier Notaire.
Mettez dans le contrat tout ce qu'il vous plaira ;
Laissez mon nom en blanc, qu'ici l'on remplira ;
J'ai mes raisons, qui sont de peu de conséquence :
Pour vous, signez toujours, & faites diligence.

LA TANTE.

J'y vais, & dans l'instant je serai de retour.

MARIN, *bas à la Tante.*

Prenez quelque Notaire éloigné du carrefour,
Et qui ne puisse ici reconnoître personne.

LA TANTE, *bas à Marin.*

C'est fort bien avisé, la prévoyance est bonne.
Lorsque j'aurai signé, j'enverrai le Contrat,
Et ne paroîtrai point, de peur de quelque éclat ;
Il pourroit survenir des amis de ton Maître,
Qui, me reconnoissant, gâteroient tout peut-être.

DAMON.

Vous n'êtes point partie ? ah ! ce retardement
A mon cœur amoureux est un nouveau tourment ;
Répondez, Léonor, à mon ardeur extrême.

LA TANTE.

J'y vais, j'y cours, j'y vole, & je reviens de même.

SCENE XIV.

DAMON, MARIN.

MARIN.

Maugrebleu de la folle !

DAMON.

Allons, ce n'est pas tout.
Et je prétends pousser la chose jusqu'au bout.
Je veux que l'Empesé...

SCENE XV.

DAMON, MARIN, LEANDRE.

MARIN, *bas.*

Paix, j'apperçois Léandre ;
Votre dessein étoit de venir le surprendre,
Le voilà tout surpris.

DAMON, *bas.*

Il n'est pas tems encor,
Et je veux le surprendre avec Léonor :
Je passe dans ma chambre, & je vous laisse ensemble.

(*Marin conduit Damon jusqu'à la porte de son appartement.*)

SCENE XVI.

LEANDRE, MARIN.

LEANDRE.

Hé bien ! mon cher Marin....

MARIN.

Avancez-vous.

LEANDRE.

Je tremble.
Comment cela va-t-il ?

MARIN.

Tout va bien, Dieu merci ;

Et, comme on l'espéroit, la chose a réussi.
Votre Oncle a pris le change.
LEANDRE.
Il épouse la Tante?
MARIN.
Elle est chez le Notaire à remplir notre attente.
Mais voici Léonor qui peut vous assurer...

SCENE XVII.

LEONOR, LEANDRE, MARIN.

LEANDRE.
HÉ bien, Madame, enfin, on peut donc espérer...
LEONOR.
Selon ce qu'aura fait ma Tante.
MARIN.
Des merveilles?
Elle a de notre Aveugle enchanté les oreilles;
Il attend le Contrat qu'il s'apprête à signer.
LEONOR.
Je ne sais pas comment cela pourra tourner;
Mais, quoi que l'on oppose à mon amour extrême,
Soyez sûr que toujours vous me verrez la même.
LEANDRE.
Ah! quel espoir charmant! souffrez qu'à vos genoux.
MARIN.
Chut, ne remuez pas, l'Aveugle vient à nous.

SCENE XVIII.

DAMON, LEONOR, LEANDRE, LISETTE, MARIN.

DAMON.
CHarmante Léonor, votre voix adorable
Frappe encor mon oreille.
LISETTE.
Ah! voilà bien le Diable.
DAMON.
Vous n'êtes point partie encore, & votre amour....
MARIN.
Pardonnez-moi, Monsieur, c'est qu'elle est de retour.

COMÉDIE.
DAMON.

Hé bien ? qu'avez vous fait ?

MARIN.

Le Notaire est en ville.

DAMON.

Il en faut prendre un autre : est-il si difficile....

LISETTE.

Elle y va retourner.

DAMON.

Qu'elle reste un moment :
Je serai bien payé de ce retardement,
Par les douceurs qui vont sortir de cette bouche.
Redites donc cent fois que mon amour vous touche.
Redoublez, Léonor, ces soupirs amoureux,
Qui viennent de me mettre au comble de mes vœux.

LÉONOR, *bas à Marin.*

Que lui disoit ma Tante ?

MARIN, *bas.*

Ah ! j'aurois de la peine
A m'en ressouvenir.

LÉONOR, *bas.*

Juste Ciel ! quelle gêne !
Parlons, puisqu'il le faut. (*Haut.*) Oui, je n'aime...

(*Se tournant du côté de Léandre.*)

Que vous ;
Je fais tout mon bonheur de vous voir mon Epoux.

DAMON.

(*Bas.*)
Quelle impudence ! mais ne faisons rien connoître.

(*Haut.*)
Que je suis satisfait ! que j'ai sujet de l'être !
De ma reconnoissance attendez les effets.

LÉONOR.

Je n'en mérite point de tout ce que je fais.
Croyez que je ne suis que mon amour extrême,

(*Se tournant toujours du côté de Léandre.*)

Et que je vois ici le seul objet que j'aime.

MARIN, *à Léonor.*

Que ne peut-il vous voir de même en ces instans ?
Ah ! qu'il seroit content !

DAMON.

Si je ne vois j'entends.

LÉONOR, *donnant la main à Léandre.*

Oui, ma main suit mon cœur ; & dans cette journée

L'AVEUGLE CLAIR-VOYANT,
Mes vœux seront remplis, si les nœuds d'Hymenée...

DAMON, *prenant la main de Léandre.*
Donnez-moi cette main qui va me rendre heureux :
Que par mille baisers, aussi doux qu'amoureux...
Quelle main est-ce là ? que faut-il que je pense ?

MARIN, *s'approchant.*
C'est la mienne, Monsieur.

DAMON, *donnant un soufflet à Léandre.*
Tiens, de ton insolence,
Maraud, voilà le prix.

LÉONOR, *bas à Léandre.*
Je suis au désespoir...

DAMON.
Je t'apprendrai, faquin...

MARIN, *d'un ton pleurant, comme s'il avoit reçu le coup.*
Revenez-y pour voir.

LÉANDRE, *bas à Marin.*
Te moques-tu de moi ?

LÉONOR.
Vous êtes en colere,
Je vous quitte, & je vais retourner au Notaire.

DAMON.
Allez donc, & hâtez ces précieux instans ;
Qu'il apporte au plutôt le Contrat, je l'attends.

SCENE XIX.
DAMON, MARIN.

MARIN.
IL n'est pas avec moi besoin que l'on s'explique ;
Je vous ai, comme il faut, donné votre réplique.
Mais, s'il vous plaît, Monsieur, quel est votre dessein ?

DAMON.
De marier la vieille avec le Médecin.

MARIN.
Quoi ! Monsieur l'Empesé, le mari de la Tante ?
Le trait seroit bouffon, & la piece plaisante.
Je vais vous le chercher. Je sais bien à-peu-près...
Mais par ma foi la bête entre dans nos filets,
Et le voici lui-même.

COMÉDIE.

SCENE XX.

DAMON, L'EMPESÉ, MARIN.

L'EMPESÉ, *bas à Marin.*

Où Léonor est-elle

MARIN, *tristement.*

Chez le Notaire.

L'EMPESÉ, *bas à Marin.*

O Ciel quelle triste nouvelle!
Elle épouse Damon?

MARIN, *bas à l'Empesé.*

C'est à son grand regret.

L'EMPESÉ, *bas à Marin.*

Je venois l'informer de tout ce que j'ai fait.
Mon frere m'ayant dit que l'affaire étoit bonne...

DAMON.

A qui donc parles-tu?

MARIN.

Moi, Monsieur? à personne.

DAMON.

Tu me trompes, j'entends marcher quelqu'un ici.

L'EMPESÉ, *bas.*

Je tremble.

DAMON, *gagnant la porte, & tâtonnant par-tout avec son bâton.*

Je me veux éclaircir de ceci.

MARIN, *bas à l'Empesé.*

Que lui dire? ma foi, j'ai perdu la parole.

L'EMPESÉ, *bas à Marin.*

Dis ce que tu voudras: mais plus de Carmagnole.

MARIN, *à Damon.*

C'est Monsieur l'Empesé, très-savant Médecin,
Qui vient vous apporter un remede divin,
Que, pour guérir les yeux, il soutient admirable.

DAMON.

Vraiment, d'un pareil soin je lui suis redevable.
Je ne sais pas, Monsieur, par où j'ai mérité
Que pour moi vous puissiez avoir tant de bonté.
Donnez-moi ce remede, il faut que je l'éprouve.

MARIN, *bas à l'Empesé.*

Allons, cherchez, Monsieur.

L'EMPESÉ, *bas à Marin.*

Que veux-tu que je trouve?

MARIN, *bas à l'Empesé.*

N'avez-vous point sur vous quelque poudre, quelque eau,
Pour le faire encor mieux donner dans le panneau.

L'EMPESÉ, *bas à Marin.*

J'ai de l'eau pour le teint: mais, peste elle est trop forte;
La composition en est faite de sorte...

MARIN, *bas à l'Empesé.*

Bon, bon; donnez toujours, pour sortir d'embarras.

L'EMPESÉ, *bas à Marin.*

La voilà; prenez soin qu'il ne s'en serve pas.

MARIN.

(*Regardant le flacon.*)

Qu'importe? La belle eau! la vue est éclaircie,
Seulement à la voir.

DAMON.

Je vous en remercie;
Si j'en suis soulagé, je vous devrai beaucoup.

MARIN.

Vous seriez bien surpris de voir clair tout d'un coup.

DAMON.

Comment! je donnerois tout ce que je possede,
Que je croirois trop peu payer un tel remede.

MARIN.

Mais, Monsieur, pour guérir, il faudroit commencer
Par bannir Léonor, & n'y jamais penser;
Car la femme à la vue est tout-à-fait contraire.

L'EMPESÉ

Hypocrate le dit.

DAMON.

Mais comment veux-tu faire?
La rupture à présent causeroit trop d'éclat;
On va dans ce moment m'apporter le Contrat,
Signé de Léonor: elle pourroit se plaindre;
A payer le dédit on me pourroit contraindre.

L'EMPESÉ.

Et pourquoi? Léonor ayant beaucoup d'appas,
Quelqu'ami ne peut-il vous tirer d'embarras,
Envers elle acquitter la parole donnée?

DAMON.

Monsieur, quand il s'agit des nœuds de l'hymenée,
On ne voit point d'amis être assez généreux,

Jusqu'à

COMÉDIE.

Jusqu'à franchir pour nous un pas si hasardeux.

L'EMPESÉ.
Il s'en pourroit trouver, qui, sans beaucoup de peine,
Se chargeroient pour vous d'une si douce chaîne.

MARIN.
(bas.)

Il gobe l'hameçon. (*Haut.*) On voit assez d'amis
Prendre, en de certains cas, la place des maris;
Mais ils s'en tiennent là, sans risquer davantage,
Et laissent aux époux les charges du ménage.

DAMON.
Enfin je vois qu'il faut exposer ma santé :
Car personne jamais n'aura tant de bonté...

L'EMPESÉ.
Pardonnez-moi, Monsieur, j'ai trouvé votre affaire,
Un homme, à qui déjà Léonor a su plaire,
Et qui d'ailleurs, je crois, ne lui déplairoit pas.

DAMON.
Qui seroit-ce? L'espoir de sortir d'embarras
Flatte déjà mon cœur, & ma joie est extrême.
N'hésitez point, Monsieur, à le nommer.

L'EMPESÉ
Moi-même,
Qui de vous obliger eus toujours grand desir.

DAMON.
Quoi! vous pourriez, Monsieur, me faire ce plaisir,
Epouser Léonor? ah! quelle complaisance!
Quels seront les effets de ma reconnoissance!

MARIN, *à Damon.*
Voilà ce qui s'appelle un véritable ami.
Monsieur ne vous veut pas obliger à demi.

DAMON.
Puisque vous voulez bien me faire cette grace,
Vous n'avez qu'à signer le Contrat en ma place;
On va me l'apporter dans ce même moment.

L'EMPESÉ.
Léonor en sera ravie assurément.

DAMON.
Pour plus de sureté, faisons croire au Notaire
Que vous êtes, celui, pour qui se fait l'affaire :
Le Contrat est déjà signé de Léonor;
Et, comme on n'a pas mis mes qualités encor,
Avecque votre nom on y mettra les vôtres,

D

MARIN.

Il faut bien s'obliger ainsi les uns les autres.
Mais le Notaire vient.

DAMON, *à l'Empesé.*

Cachons lui tout ceci.

(*à Marin.*)

Toi, prends garde qu'aucun ne nous surprenne ici.

(*Marin apporte une table & deux sieges avant de s'en aller.*)

SCENE XXI.

DAMON, L'EMPESÉ, LE NOTAIRE.

LE NOTAIRE.

A Tous présens, Salut. Jamais, dans mon Étude,
Avec tant de justesse & tant de promptitude,
Depuis vingt & trois ans il ne s'est fait Contrat.

DAMON.

Enfin, quoi qu'il en soit, tout est-il en état?

LE NOTAIRE.

Oui, Monsieur; il ne faut seulement que m'apprendre
Le nom, les qualités que le futur veut prendre.
Mais, Messieurs, à vous voir les yeux que je vous vois,
Qui des deux, s'il vous plaît, est aveugle?

L'EMPESÉ.

C'est moi.

LE NOTAIRE.

O Ciel! qui l'auroit cru? c'est vraiment grand dommage.

L'EMPESÉ.

Il est vrai; mais signons, sans tarder davantage.

LE NOTAIRE.

Il faut lire du moins le Contrat.

L'EMPESÉ.

Nullement.
Léonor l'a signé, je signe aveuglément.

LE NOTAIRE.

La Future est pressante, & vous encor plus qu'elle.
Signez donc; c'est, je crois, Damon qu'on vous appelle?

L'EMPESÉ.

De me donner ce nom je m'étois avisé;

COMÉDIE. 27

(l'Empesé signe le Contrat, & le Notaire lui conduit la main, le croyant aveugle.)

Mais je signe toujours Nicolas l'Empesé.

LE NOTAIRE, *écrit.*

Vos qualités ?

L'EMPESÉ

Hélas ! après mon infortune,
Je ne crois pas, Monsieur, en devoir prendre aucune :
Bon Bourgeois de Paris, & cela suffira.

DAMON.

Adieu, Monsieur : tantôt on vous satisfera ;
On aura même égard à votre diligence.

LE NOTAIRE.

Je ne demande rien, je suis payé d'avance ;
Madame Léonor a su prendre ce soin.

SCENE XXII.

DAMON, L'EMPESÉ.

L'EMPESÉ.

De beaucoup de finesse on n'a pas eu besoin ;
Mais, Monsieur, pardonnez à mon impatience,
Je cours à Léonor apprendre en diligence
Que le sort a rempli le plus doux de ses vœux.

DAMON.

Allez, mon cher, allez, & tenez-vous joyeux.

SCENE XXIII.

DAMON, *seul.*

Ma foi, je m'applaudis, & le tour est trop drôle ;
Avec notre benêt j'ai bien joué mon rôle.
Il est tems de finir, je suis assez instruit ;
Et j'en ai vu bien plus qu'on ne m'en avoit dit.

D ij

SCENE XXIV.

DAMON, MARIN.

MARIN.
MOnſieur, ſongez à vous, Léonor & Léandre
Vont revenir ici, je leur ai fait entendre
Que vous dormiez.
DAMON.
Fort bien. Il faut, mon cher Marin,
Que quelque tour plaiſant à ceci mette fin.
MARIN.
Pour vous mieux ſeconder, ſi vous vouliez me dire...
DAMON.
Tu viendras dans ma chambre, où je ſaurai t'inſtruire;
Il ne faut que deux mots pour que tu ſois au fait.

SCENE XXV.

MARIN, ſeul.
IL va leur préparer encor un nouveau trait:
D'avance je l'approuve, & mon ame ravie....
Mais voici tous nos gens, jouons la Comédie.

SCENE XXVI.

LEANDRE, LEONOR, LISETTE, MARIN.

LISETTE.
HÉ bien! dort-il encore?
MARIN.
A faire tout trembler;
La maiſon tomberoit, je crois, ſans le troubler.
LEONOR.
Va-t-en près de ſon lit; &, pour peu qu'il remue,
Reviens nous avertir; car je ſerois perdue
S'il entendoit la voix de Léandre.

COMÉDIE.
MARIN.
Fort bien.
Discourez à votre aise, & n'appréhendez rien.

SCENE XXVII.

LEANDRE, LEONOR, LISETTE.

LEANDRE.

JE ne reviens ici qu'en tremblant, je l'avoue.
Quand mon oncle saura la piece qu'on lui joue,
S'il me croit avoir part à cette invention,
C'est peu d'être frustré de sa succession,
Son courroux...
LEONOR.
Tout est fait, & ma Tante est sa femme;
Qui, comme elle voudra, saura tourner son ame.
LISETTE.
Dans le commencement, il criera, pestera,
Fera le Diable à quatre, & puis s'appaisera :
Ses soupçons ne pourront tomber que sur la Tante,
Qui, malgré ses froideurs, lui fut toujours constante ;
Et qui, pour se venger de son nouvel amour,
Sans nous en informer, aura joué ce tour.
Laissez-leur entr'eux deux démêler la fusée :
Je vous la garantis femelle aussi rusée....

SCENE XXVIII.

LEANDRE, LEONOR, LISETTE, MARIN.

MARIN.

O Disgrace terrible ! inopiné malheur !
LEANDRE.
Que seroit-ce, Marin ?
LEONOR.
Je tremble de frayeur.
MARIN.
Damon voit clair d'un œil.

LÉANDRE.
Ah ! juste Ciel ! qu'entends-je ?
LÉONOR.
Je suis au désespoir.
LISETTE, *pleurant*.
Quel accident étrange ?
MARIN.
Il vient de s'éveiller avec un air joyeux.
Ah ! Marin, m'a-t-il dit, ah ! que je suis heureux !
Je vois clair de cet œil ; voila mon lit, ma table,
Te voilà, je te vois. Ah ! remede admirable !
Eau divine ! Va, cours au plutôt, cher Marin,
Va chercher l'Empesé, ce fameux Médecin,
Qui m'a fait recouvrer la moitié de la vue :
La moitié de mon bien à ce service est due.
LISETTE.
Mais cette eau, disois-tu, n'étoit que pour le teint ;
Et l'Empesé, surpris, s'étoit trouvé contraint...
Peste du Médecin, & de son eau divine !
MARIN.
Ce n'est que par hasard qu'agit la Médecine ;
Parmi ses qui-proquo, souvent si dangereux,
Il s'en peut rencontrer, entre mille, un heureux.
LISETTE.
Et de quel œil voit-il ?
MARIN.
De l'œil droit.
LÉONOR.
Ah ! Lisette ;
De quoi t'informes-tu, quand mon ame inquiette
Eprouve en ce moment le sort le plus fatal,
Quand je dois craindre tout d'un jaloux, d'un brutal.
LISETTE.
Ah ! ma foi, le voici.
LÉANDRE.
Je ne veux point l'attendre,
Je gagne l'escalier.
LÉONOR.
Que faites-vous, Léandre ?
A présent qu'il voit clair, il va vous rencontrer.
MARIN.
Dans son grand Cabinet, vous ferez mieux d'entrer.
LÉANDRE, *entrant dans le Cabinet*.
Juste Ciel ! quel revers !

SCENE XXIX.

DAMON, LÉONOR, LISETTE,
MARIN, LEANDRE *caché dans le Cabinet.*

DAMON.

AH quel bonheur extrême!
Quoi! je puis donc enfin revoir tout ce que j'aime.
Prenez part, Léonor, au plaisir que je sens.
O ciel! quel teint, quels yeux! quels appas ravissans!

(*A Marin.*)

Comment donc, malheureux! tu la disois affreuse.
MARIN.
C'est votre guérison qui la rend si joyeuse,
Qu'elle a dans un moment repris tous ses attraits.
DAMON.
Oui, je vous trouve encor plus belle que jamais:
Vous ne me dites rien; que faut-il que je croie?
MARIN.
Ce silence est encore un effet de sa joie.
DAMON.
Je veux bien m'en flatter. Qu'il est doux, mes enfans,
De revoir la lumiere après un si long-tems!
Je croyois n'avoir plus ce bonheur de ma vie.
Ah! quel plaisir charmant! déjà je meurs d'envie
De revoir tous ces lieux, & sur-tout mes tableaux;
Ils vont être pour moi des spectacles nouveaux.
LÉONOR, *bas à Lisette.*
Dans son grand Cabinet il va d'abord se rendre:
Que ferons-nous Lisette? il y va voir Léandre..
LISETTE, *bas à Léonor.*
Il faut parer le coup.

(*En empêchant Damon d'entrer dans le Cabinet.*)

Mais croyez-vous Monsieur,
Ne voir clair que d'un œil?
DAMON.
Pourquoi?
LISETTE.
Si, par bonheur,

L'AVEUGLE CLAIR-VOYANT,

Vous voyiez de tous deux?

DAMON.

Non, cela ne peut être.

LISETTE.

Dans ce moment, Monsieur, nous le pouvons connoître;
Souffrez qu'avec ma main...

DAMON.

Oui-dà, je le veux bien.

LISETTE, *lui couvrant l'œil droit avec sa main.*

Parlez, que voyez-vous?

DAMON.

Parbleu, je ne vois rien.

LISETTE.

Rien du tout?

DAMON.

Non vraiment.

LÉONOR, *faisant sortir Léandre du Cabinet.*

Sortez, sans plus attendre.

LISETTE.

Vous ne voyez donc rien?

DAMON, *montrant Léandre, qui sort du Cabinet.*

Si fait je vois Léandre
Qui sort dans ce moment de mon grand Cabinet.

LISETTE.

Pour le coup nous voilà tous pris au trébuchet.

MARIN.

Parbleu! c'est à ce coup qu'il faut crier miracle;
Et cet objet pour vous est un nouveau spectacle.

DAMON.

D'où vous vient donc à tous ce grand étonnement?
Est-ce de voir la fin de mon aveuglement?

―――――――――――――――――

SCENE XXX.

DAMON, LEANDRE, LISETTE, L'EMPESÉ, MARIN.

DAMON.

Mais j'apperçois, je crois mon Médecin. De grace,
Approchez-vous, Monsieur, venez qu'on vous embrasse;
Votre divin remede...

L'EMPESÉ.

Hé bien?

DAMON.

COMÉDIE.
DAMON.
A réuſſi ;
Je vois clair des deux yeux.
L'EMPESÉ, *à part.*
Que veut dire ceci ?
A cette guériſon je ne puis rien connoître.
MARIN.
Vous êtes plus ſavant que vous ne croyez l'être.
Votre fortune eſt faite ; il faut faire afficher,
De tous les lieux du monde on viendra vous chercher.
L'EMPESÉ, *à Marin.*
Je ſuis tout ſtupéfait, & plus heureux que ſage.
Qui l'auroit cru, qu'une eau pour peler le viſage
Guérit le mal des yeux ? je vois que déſormais
On peut tout haſarder après un tel ſuccès.
MARIN.
Ah ! parbleu, voici l'autre.

SCENE DERNIERE.
DAMON, LEONOR, LÉANDRE, L'EMPESÉ, LA TANTE, LISETTE, MARIN.

DAMON.
AH ! ah ! c'eſt notre Tante.
Hé quoi ! la bonne femme eſt encore vivante !
LA TANTE.
Que veut dire cela, Monſieur ? vous voyez clair ?
DAMON.
Un peu trop clair pour vous : je le vois à votre air.
LA TANTE.
Si vous voyez ſi clair, regardez votre femme ;
J'ai ſigné le Contrat pour ma Nièce.
DAMON.
Ah ! Madame...
LA TANTE.
Cela vous fâche un peu ?
DAMON.
Moi, Madame, pourquoi ?
C'eſt Monſieur l'Empeſé qui l'a ſigné pour moi ;
Regardez votre époux.

E

L'AVEUGLE CLAIR-VOYANT.

LA TANTE.
Vous vous moquez, je pense.

DAMON.
Je ne me moque point, je parle en conscience.

L'EMPESÉ.
Que veut dire cela?

MARIN.
Que pour l'avoir guéri,
(montrant la Tante.)
De ce jeune tendron il vous a fait mari.

DAMON.
Pouvois-je mieux payer un si rare service?

L'EMPESÉ.
Une vieille!

LA TANTE.
Un benêt!

L'EMPESÉ.
Une folle!

LA TANTE.
Un jocrisse!

MARIN.
Fort bien, continuez; c'est à des noms si doux
Qu'on reconnoît déjà que vous êtes époux.

LA TANTE.
Pour me venger de vous, oui, je serai sa femme,
Et je vous ferai voir...

L'EMPESÉ.
Non, s'il vous plaît, Madame.

LA TANTE.
Tout comme il vous plaira, Monsieur, arrangez-vous:
Il faut qu'il me revienne, à bon compte un époux.

L'EMPESÉ.
Ah! parbleu, vous pouvez vous assurer d'un autre;
A mon âge épouser une femme du vôtre?
Vous avez cinquante ans & des mieux mesurés.

MARIN.
Hé! qu'importe, Monsieur; vous la rajeunirez:
Donnez-lui de cette eau qui pele le visage.

L'EMPESÉ.
Ah! c'est donc toi, maraud, avec ton beau langage,
Qui m'a fait tout du long donner dans le panneau!
Je ne sais qui me tient...

DAMON.
Tout beau, Monsieur, tout beau;
Ne vous emportez point.

COMÉDIE.
LISETTE.
Qu'as-tu fait, double traître ?
MARIN.
Je vous ai trompés tous, & j'ai servi mon Maître.
En bonne foi, pouvois-je en agir autrement ?
Mais, avant de crier, attends le dénouement.
DAMON.
Oh ça ! mon cher Neveu, de vous qu'allons-nous faire ?
LEANDRE.
Tout ce qu'il vous plaira, suivez votre colere ;
Je l'ai bien mérité, ayant pu m'oublier.
DAMON.
Hé bien donc ! ma vengeance est de vous marier.
Epousez Léonor, ce sera votre peine.
LEANDRE.
Je fais tout mon bonheur d'une si belle chaîne.
DAMON.
Quant à moi je renonce à tout engagement.
J'aimois, & c'étoit-là mon seul aveuglement ;
J'ai recouvré la vue, & je veux bien vous dire
Que j'ai vu tous vos tours, & n'en ai fait que rire.
Avouez qu'il falloit être bien patient.
MARIN.
Voilà le véritable Aveugle clair-voyant.

On trouve à Avignon, chez JACQUES GARRIGAN, *Imprimeur - Libraire, place Saint-Didier, un assortiment de Pieces de Théâtre, imprimées dans le même goût.*

www.ingramcontent.com/pod-product-compliance
Lightning Source LLC
Chambersburg PA
CBHW060521050426
42451CB00009B/1090